Es divertido andar en bicicleta

por Dorothy Chlad

ilustraciones por Lydia Halverson
Traductora: Lada Josefa Kratky
Consultante: Dr. Orlando Martinez-Miller

 CHILDRENS PRESS ®
CHICAGO

Nota: Las bicicletas aparecen sin reflectores porque los niños pequeños no deben andar en bicicleta de noche.

Library of Congress Cataloging-in-Publication Data

Chlad, Dorothy.
  Es divertido andar en bicicleta.

  (Pueblo de seguridad)
  Traducción de: Bicycles are fun to ride.
  Resumen: Un niño explica lo mucho que le gusta andar en bicicleta sin olvidarse de las reglas importantísimas de seguridad.
  1. Ciclismo—Literatura juvenil.   2. Bicicletas—Medidas de seguridad—Literatura juvenil.   3.   Ciclismo—Medidas de seguridad—Literatura juvenil.   [1. Bicicletas y ciclismo—Medidas de seguridad.   2. Seguridad.   3. Materiales en español]   I. Halverson, Lydia, il.   II. Título.   III. Serie: Chlad, Dorothy.   Pueblo de seguridad.
GV1043.5.C4518   1986   796.6'0289   85-23263
ISBN 0-516-31975-2   Library Bound
ISBN 0-516-51975-1   Paperbound

Hola . . . me llamo Marcos.

Esta es mi bicicleta.

4

Mami y papi me la regalaron para mi cumpleaños.

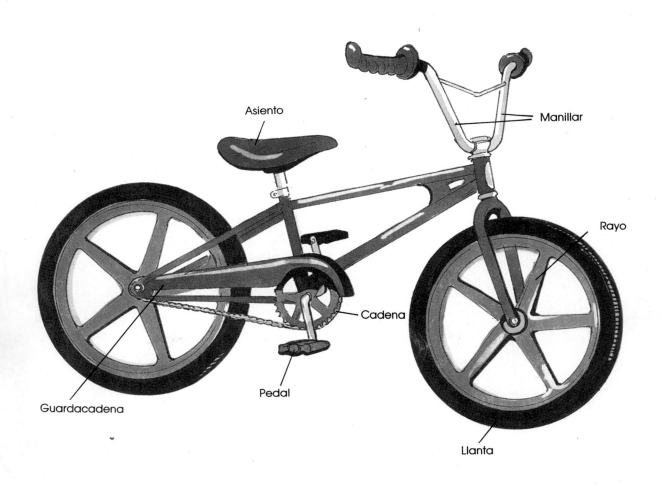

Asiento

Manillar

Rayo

Cadena

Guardacadena

Pedal

Llanta

Me mostraron todas las piezas de la bicicleta.

Antes de andar en
bicicleta, verifico las piezas.

A veces mi hermana me
ayuda.

Si algunas piezas están
sueltas o rotas, las arreglamos.

Yo ando en la entrada de mi casa

y en la acera.

Tengo cuidado cuando
la gente camina.

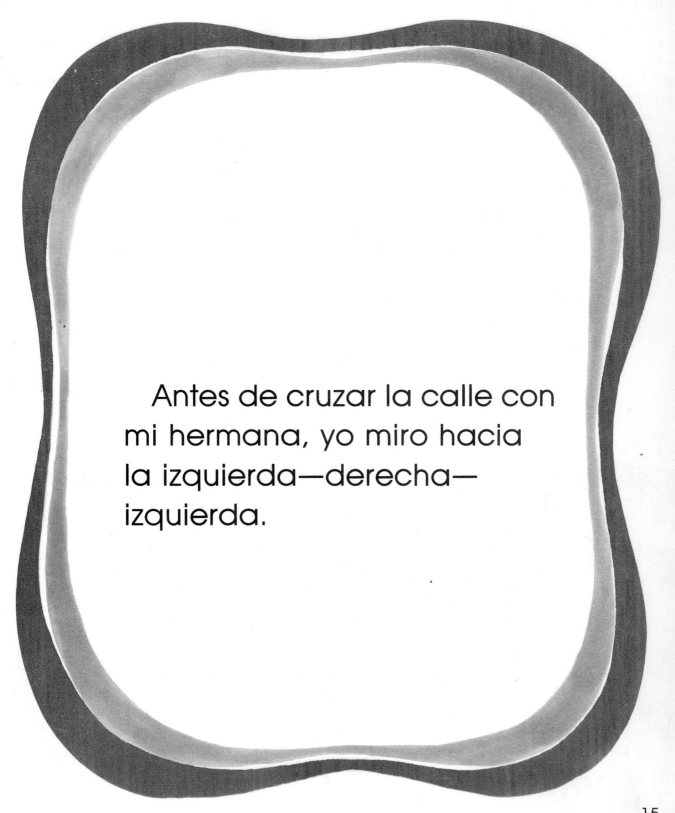

Antes de cruzar la calle con mi hermana, yo miro hacia la izquierda—derecha—izquierda.

Vivo en una calle donde
hay mucho tránsito. Hay
muchos carros, camiones,
autobuses y motocicletas. Yo
no puedo andar en la calle.

Mis amigos viven en el campo. Tienen que tener mucho cuidado.

19

20

Me divierto mucho
andando en bicicleta.
Ando al patio de recreos,
a la casa de mi amigo
y a la biblioteca.

En días especiales,
decoramos nuestras
bicicletas.

Después andamos en el
desfile.

Cuando dejo de andar en bicicleta, *SIEMPRE* guardo mi bicicleta. La pongo en un lugar seguro para que no se rompa.

Tú también te puedes
divertir mucho, si recuerdas
mis reglas de seguridad
para la bicicleta:

1. Anda donde te digan tu mamá y tu papá.

2. Verifica las piezas de tu bicicleta.

3. Arregla las piezas sueltas o rotas.

4. Pon tu bicicleta en un lugar seguro.

5. *SIEMPRE* ten cuidado.

Sobre la autora

Dorothy Chlad, fundadora del concepto total del Pueblo de Seguridad, es conocida internacionalmente como figura principal en la Educación de seguridad en los niveles pre-escolares y niñez. Ha escrito ocho libros sobre el programa, y ha dirigido las únicas conferencias sobre el tema. Bajo la dirección de la Sra. Chlad, se fundó el Centro Nacional del Pueblo de Seguridad, para promover el programa por medio de la cooperación de la comunidad.

Ha presentado la importancia de la educación de la seguridad en conferencias locales, estatales y nacionales sobre la seguridad y educación, tales como la National Community Education Association, el National Safety Council, y el American Driver y Traffic Safety Education Association. Sirve como miembro de varios comités nacionales, como la Highway Traffic Safety Division y el Educational Resources Division del National Safety Council. Chlad participó activamente en la sexta conferencia internacional de educación de la seguridad.

Dorothy Chlad sigue siendo consejera de los departamentos del estado de seguridad y educación. También ha aconsejado durante el programa de televisión llamado "Sesame Street" y recientemente escribió esta serie de libros sobre la seguridad para el Childrens Press.

Como participante en conferencias en la Casa Blanca sobre la seguridad, Dorothy Chlad ha recibido muchos honores y condecoraciones que incluyen el National Volunteer Activist y el YMCA Career Woman of Achievement. En 1983, Dorothy Chlad fue una de sesenta personas de la nación que recibió el **Premio del Presidente por Acción Voluntaria** del presidente Reagan por sus veinte años de esfuerzos en Pueblo de Seguridad.

Sobre la artista

Lydia Halverson nació Lydia Geretti en el centro de Manhattan. Al cumplir dos años, su familia se mudó de Nueva York a Italia. Cuatro años más tarde sus padres volvieron a los Estados Unidos y se establecieron en el área de Chicago. Lydia asistió a la Universidad de Illinois y se graduó con un título en bellas artes. Trabajó como diseñadora gráfica por muchos años antes de concentrarse por fin en ilustrar libros.

Lydia vive con su esposo y dos gatos en un suburbio de Chicago y es activa en varias organizaciones del medio ambiente.